Giuseppe Macrì

Maria, storie di una madre

Giuseppe Macrì

Maria, storie di una madre

Storie di fede e di speranza

Edizioni Sant'Antonio

Imprint
Any brand names and product names mentioned in this book are subject to trademark, brand or patent protection and are trademarks or registered trademarks of their respective holders. The use of brand names, product names, common names, trade names, product descriptions etc. even without a particular marking in this work is in no way to be construed to mean that such names may be regarded as unrestricted in respect of trademark and brand protection legislation and could thus be used by anyone.

Cover image: www.ingimage.com

Publisher:
Edizioni Accademiche Italiane
is a trademark of
Dodo Books Indian Ocean Ltd. and OmniScriptum S.R.L publishing group

120 High Road, East Finchley, London, N2 9ED, United Kingdom
Str. Armeneasca 28/1, office 1, Chisinau MD-2012, Republic of Moldova, Europe
Printed at: see last page
ISBN: 978-613-8-39415-0

Giuseppe Macrì

MARIA, STORIE DI UNA MADRE

Storie di fede e di speranza

Racconto

Fiori di rose è il suo bel viso che, spira d'amor, di verginità, di dolcezza. È infiora i rosei labbri suo è il sorriso.

Introduzione

Nel primo capitolo inizio a sviluppare la sua perfezione che è sotto gli occhi di tutti in particolare dei tuoi figli, la sua accecante bellezza è la nostra luce, dove riposare gli occhi, ogni qual volta che siamo stanchi.
Se qualcuno mi chiede: parlami di Maria, parlo direttamente a te, mio caro Giuseppe, ma io cosa posso dirti di lei, tu la vivi ogni giorno nella tua preghiera, hai il dono di comunicare con lei tramite la preghiera questo ti pare poco ?
Io posso solo raccontarti la mia esperienza personale e la vorrei condividere insieme con voi.

Nella prima parte del libro ti posso dire come Maria ha ispirato quest'artista: Kiko, personaggio biblico, di cui Abramo fu il suo faro da seguire, per Kiko, Abramo fu un esempio di testimonianza e di verità assoluta perché, noi tutti sappiamo che Abramo si è fidato totalmente di Maria senza sapere quale fosse la sua destinazione, si è fatto guidare a prescindere dal risultato finale fino appunto a formare un programma completo. Kiko, anche lui si è tuffato nelle braccia di Maria imitando Abramo.
Però non tutti sanno che la dimensione esperienziale con gli apostoli subito dopo l'ascensione al cielo di Gesù; Nella prima comunità all'annuncio del KERIGMA ognuno ha sentito parlare il suo linguaggio.

La bellezza è novità anche dell'annuncio fatto dai nostri catechisti che ognuno di loro ha sentito parlare nel loro io più interiore, più viscerale, in modo da conoscere meglio i segni di Gesù, ma, non in modo generico sia ben chiaro, ma personalizzato e soggettivo.

La nostra madre celeste ha voluto evidenziare la persona suggerendo di servirsi della materia come la psicologia per avere più introspezione e conoscenza su se stessi, uscire dall'odio e dall'egoismo e soprattutto imparare ad amare e a usare l'empatia.
Questo è il messaggio di Maria che ha riservato a noi povera gente comune e peccatrice in cerca della sua luce per vedere meglio la nostra via.
Troppe volte portatrici di cattiveria e odio.

La nostra madre celeste parla di un amore come un donarsi all'altro senza tornaconto, senza avere nulla in cambio, amare per avere la ricchezza interiore e-

terna: non amare per avere ma scoprire l'amore di Dio per la propria vita, infatti, come lui ci ha amati, un vero progetto di Dio che attraverso Gesù si è manifestato in verbo per amore, perché lui è amore e non può darti altro, ma solo amore perché lui è amore.
Proseguiamo nel dire che il cammino va dall'esterno all'interno di noi, non è qualcosa che si gestisce umanamente.

Ridurre Dio a una filosofia di vita è una vera teoria che non può prendere vita la forza di Dio, è onnipotente per essere paragonata a una forma di pensiero, non conosce limiti, la sua forza è illimitata, il suo amore è illimitato. Dio è amore. Perciò la sua vera forza di salvezza è propria nell'amore.
Come spesso diciamo nel nostro tempo, prima di noi lo disse Gesù a Nicodemo: serve rinascere per scoprirci più umili e innamorati

della vita in Dio solo così Maria ci rimette nel suo grembo per farci rivivere per prima cosa i nostri sbagli passati: ci fa cercare al di fuori di noi la causa del nostro malessere che ci ha portato a viaggiare nel nostro passato e a riconoscere i nemici annidati nel nostro cuore, amarli e portarli a essere amici.

I nemici annidati nel nostro cuore e fuori bisogna amarli se siamo amore come Gesù ci ha donato e insegnato, aiutandoli fino in fondo a trovare dov'è l'incongruenza che ci separa, dov'è l'inganno affinché trovino anche loro la libertà: Rinascere nello spirito è rinnegare se stessi e come usare la croce come strumento della nostra salvezza, un processo lungo e faticoso dal punto di vista umano: l'uomo com'è affamato di cibo e affamato anche di spirito.

Questo cibo che ci rileva Gesù si trova nella chiesa tramite i sacramenti, la predicazione che pian piano si genera nella fede, ma crolla la resistenza di gestire il tutto come l'abbandono e la distruzione dell'uomo vecchio. Con questo, Maria, la nostra madre celeste ci mette in confronto fra noi e la parola di Dio che ci illumina, ci consiglia e ci consola e ci fa anche capire coma la vita non ci appartiene ma è un dono di Dio e se vogliamo essere liberi, dovremmo lasciarci nell'abbandono dei figli.

Già al tempo di Edith Stein, molte donne tentano di sfuggire da tale angustia che le fa sentire inutili alla società.
Dinanzi ad un concetto sfigurato e autonomo (di apparente libertà) Edith Stein contrappone la figura di Maria, madre di Gesù Cristo, la quale "realizza il suo servizio silenziosamente e con obbedienza pratica, senza reclamare per sé attenzione e riconoscimento".

La stessa Edith Stein propone alla nostra considerazione la scena di Cana di Galilea dove Maria capta silenziosamente le circostanze del momento e interviene con l'aiuto appropriato.
Edith Stein desidera incontrare il perché di quest'attitudine mariana, e trova la seguente risposta: "Amore servizievole significa aiutare tutte le creature a giungere alla perfezione.
Ebbene, tale è l'ufficio dello Spirito Santo.
Conseguentemente, nello spirito di Dio che si sparge su tutte le creature, potremmo vedere il prototipo dell'essere femminile.
La sua immagine più perfetta la troviamo nella Purissima Vergine, che è sposa di Dio e Madre di tutti gli uomini".

Quando si fa proprio tale ideale della Vergine-Madre, è molto più facile risolvere situazioni complicate, ad esempio: l'infermità e la morte dello sposo, la solitudine di una forzata separazione dei coniugi, l'impossibilità di ottenere con la forza "il diritto al matrimonio" o alla maternità. (...).

La donna che volontariamente elegge per sé la verginità, sale con Maria dall'ordine naturale per collocarsi al lato del Signore. Il suo impegno sta unicamente nel compiere la volontà di Dio e stare al lato di Gesù fino alla morte in croce. La vita della vera religiosa è espiazione e amore redentore del mondo, perché è compartecipe della missione di Cristo.

Unita a Maria, è lei la vera "sponsa Christi", il cuore della Chiesa, che riempie di vita i suoi membri.

Maria dona alla Chiesa la vita del suo Figlio divino, e la donna consacrata a Dio porta il mondo a Cristo.

Conseguentemente si tratta di un dare e ricevere, come fra madre e figlio, la quale Edith Stein ricalca continuamente come Maria non è solo il miglior modello per l'anima femminile, ma che è realmente sua Madre. E così sostiene che "Maria ci ha illuminato la vita della grazia, con il consegnare tutto il suo essere - corpo ed anima - per la maternità divina. Per questo esiste un intimo legame fra lei e noi: lei ci ama, ci conosce, si dà da fare perché ognuno di noi diventa ciò che è.

Possiamo solo dire che a volte ci succede di commettere errori educativi pur nelle migliori intenzioni, mi è successo di perdere la fiducia in me stessa come madre, come educatrice.
Per fortuna mi sono sentita incapace di garantire una vita piena e tranquilla così mi sono rivolta a Dio: "Aiutami non so fronteggiare la loro adolescenza!" L'aiuto mi arriva dal rosario offerto a Maria per loro.

Quando poi non ce l'ho fatta a superare tutto, mi era rimasta un po' di amarezza e mi rimproveravo di non essere stato pronto a raccogliere i segni dell'inevitabile disagio della crescita per questo Mi sentivo educatrice di serie b.

Una domenica mi recai a Santa Lucia una chiesa chiamata Regina della Pace, mi sono avvicinato e la chiesa era strapiena di gente e non si poteva entrare, vedo tanta gente tra cui autorità civili e religiose e insieme ad esse c'è anche una veggente.
Per mia fortuna hanno messo un maxischermo nel parcheggio dove si può seguire la messa.
Inizia la messa e iniziammo a recitare il rosario con la compagnia della veggente, quando improvvisamente cala un gran silenzio e qualcuno dice: "C'è la Madonna!"
M'inginocchiai e, accanto a me c'è LEI, la mamma celeste.

Che infinita dolcezza, mi cercò mi mise tra le mie braccia un bimbo appena nato, lo fa per farmi capire la sua innocenza, l'innocenza pura di quel bimbo, un sorriso che io aveva dimenticato. Mi ha ridato la gioia di vivere, quello per me fu un miracolo.

Nel secondo capitolo cerco di spiegare la storia di Maria sotto forma di racconti, ma, c'è un ritaglio bellissimo della psicologia di Maria: "non è una donna che si deprime davanti alle incertezze della vita", specialmente quando "nulla sembra andare per il verso giusto".
Non è nemmeno una donna che protesta con violenza, che inveisce contro il destino della vita che ci rivela spesso un volto ostile.

Lei è una donna che ascolta: "non dimenticatevi che c'è sempre un grande rapporto tra la speranza e l'ascolto. Maria accoglie

l'esistenza così come lei si consegna a noi, con i suoi giorni felici, ma anche con le sue tragedie che mai vorremmo avere incrociato.
Fino alla notte suprema di Maria, quando suo Figlio è inchiodato al legno della Croce".
"Me la immagino come una ragazza normale, una ragazza di oggi, aperta a sposarsi, a farsi una famiglia".

Papa Francesco parla della Madonna e spiega la preghiera dell'Ave Maria: "Da quando è nata fino all'Annunciazione, al momento dell'incontro con l'angelo di Dio, me la immagino come una ragazza normale, una ragazza di oggi, non posso dire di città, perché Lei è di un paesino, ,me la immagino normale, educata, aperta a sposarsi, a farsi una famiglia. Una cosa che immagino è che amasse le Scritture: conosceva le Scritture, amava fare le catechesi l svolgeva in famiglia.

Poi, dopo il concepimento di Gesù, continua ad essere una donna normale: Maria è la normalità, è una donna che qualsiasi donna di questo mondo vorrebbe essere. Niente cose strane nella vita, una madre normale: anche nel suo matrimonio verginale, casto in quella cornice della verginità, Maria è stata normale.
Lavorava, faceva la spesa, aiutava il Figlio, aiutava il marito: normale".

Il Papa riprende uno dei temi ricorrenti del suo pontificato.
"La normalità è vivere nel popolo e come il popolo. È anormale vivere senza radici in un popolo, senza collegamento con un popolo storico. In quelle condizioni nasce un peccato che piace tanto a Satana, il nostro nemico: il peccato dell'élite. L'élite non sa cosa significa vivere nel popolo e quando parlo di élite non intendo una classe sociale: parlo di un atteggiamento dell'anima.

Si può appartenere a una Chiesa di élite. Però, come dice il Concilio nella Lumen gentium, la Chiesa è il santo popolo fedele di Dio. La Chiesa è popolo, il popolo di Dio. E al diavolo piacciono le élite".

"La ri-creazione comincia da Maria, da una donna sola", afferma ancora Papa Bergoglio."Possiamo pensare alle donne sole che portano avanti la casa, da sole educano i figli. Ecco, Maria è ancora più sola. Sola comincia questa storia, che prosegue con Giuseppe e la famiglia; ma all'inizio la ricreazione è il dialogo tra Dio e una donna sola. Sola nel momento dell'annuncio e sola nel momento della morte del Figlio".

Concludiamo e passiamo al terzo e ultimo capitolo dove chiudo l'argomento Maria e, dove, il nostro cammino di fede è legato in modo indissolubile a Maria da quando Gesù, Morente sulla croce, l’ha donata come Madre dicendo: “Ecco tua Madre!”

Queste parole hanno dato il valore di un testamento e danno al mondo una madre. Da quel momento la Madre di Dio è diventata anche Madre nostra! Nell’ora in cui la fede dei discepoli era incrinata da tante difficoltà e incertezze, Gesù li affidava a Colei che era stata la prima a credere, e la cui fede non sarebbe mai venuta meno. E la “donna” diventa madre nostra nel momento in cui perde il figlio divino.
Il suo cuore ferito si dilata per fare posto a tutti gli uomini, buoni e cattivi, tutti, e li ama come li amava Gesù.
La donna che alle nozze di Cana di Galilea aveva dato la sua cooperazione di fede per la manifestazione delle meraviglie di Dio nel mondo, al Calvario tiene accesa la fiamma della fede nella resurrezione del Figlio, e la co-

munica con affetto materno agli altri.
Maria diventa così sorgente di speranza e di gioia vera!
Sono solo tre parole che sintetizzano l'atteggiamento di Maria: ascolto, decisione e speranza. Madre della speranza, madre della fede, madre dell'attesa, madre del silenzio, madre della croce, madre mia! Non allontanarmi mai! Donami la fede forte nella mia ultima ora! A volte dico il Rosario mentre faccio i mestieri, e mi distraggo, perdo il conto, ma insisto nel dirlo. Ti scopro ancora più Madre, Sorella, Amica, piena di Amore per Cristo e di desiderio di salvare le anime! Tienimi per mano oggi, e la mia tristezza si muterà in pace Maria!

Concedici il dono dell'umiltà, della custodia della lingua, della vigilanza! Mi chiedo se questi siano doni da chiedere o virtù da conquistare con i nostri sforzi

personali. Madre e Regina, Guida e Maestra, spiegamelo tu, ti prego! Maria è Guida, maestra, modello. A lei guardare, lei imitare, lei invocare.
A lei chiedere l'umiltà, la povertà, la semplicità.
"Con speranza e operosità".

Nelle mani di Maria (severissima maestra, dolcissima Madre) cresce la virtù della Speranza.
La Speranza dona lo sguardo che vede lontano, dona la Pace che si poggia sulla certezza del bene, dona la vigilanza dell'attesa.

La devozione a Maria non è galateo spirituale, è un'esigenza della vita cristiana.
Guardando alla Madre siamo incoraggiati a lasciare tante zavorre inutili e a ritrovare ciò che conta.
Il dono della Madre, il dono di ogni madre e di ogni donna è tanto prezioso per la Chiesa, che è madre e donna. E mentre l'uomo

spesso astrae, afferma e impone idee, la donna, la madre, sa custodire, collegare nel cuore, vivificare. Perché la fede non si riduca.
Abbiamo bisogno, tutti, di un cuore di madre, che sappia custodire la tenerezza di Dio e ascoltare i palpiti dell'uomo.
Madre che comprende il senso di tutte le cose Maria, la madre che ebbe cura di Gesù, ora si prende cura con affetto e dolore materno di questo mondo ferito. È la Donna "vestita di sole, con la luna sotto i piedi e una corona di dodici stelle sul suo capo". Elevata al cielo, sono Madre e Regina di tutto il creato.
Nel suo corpo glorificato, insieme a Cristo risorto, parte della creazione ha raggiunto tutta la pienezza della sua bellezza.
Lei non solo conserva nel suo cuore tutta la vita di Gesù, che "custodiva" con cura ma ora anche comprende il senso di tutte le cose. Perciò possiamo chiederle

che ci aiuti a guardare questo mondo con occhi più sapienti.

Oggi chiedo a Maria come si fa a restare umili.
Guardo la grande statua della Basilica: Maria ha gli occhi bassi, la bocca chiusa, le mani giunte. Più chiaro di così! Uno sguardo non altero, silenzio, preghiera. Ricetta tanto facile da ricordare quanto difficile da praticare!
Sotto la tempesta della tentazione, ho chiesto aiuto a Maria, e lei con femminile solidarietà mi ha afferrato per mano.
Con Lei, la luce è quella giusta: si comprendono le ragioni dell'altro, si opera il bene, si prendono buone decisioni.
Maria Bambina! Rendi il mio cuore semplice e bello come il tuo!

Capitolo 1

Maria, un modello per tutte le madri.

La sua gente dice di lei: I testimoni affascinati e stupiti ci raccontano la forza di questa donna che non abbandona il figlio, lo conforta con la sua presenza.
La sua luce è una fiamma d'amore che si prova quando hai davvero a cuore il prossimo.

Il messaggio dei testimoni è chiaro: La madre di Dio è una donna di luce, divulgatrice di pace e amore, manifesta solo amore come un dono e insegna come amare e, questo, il messaggio che i suoi fedeli vogliono farci capire.

La sua trasparenza è un simbolo di volontà e di speranza, sappiamo che la madre celeste ha un'arma: il suo bagliore di amore, tanto amore per abbattere tutte le diversità e i muri che dividono noi peccatori.

Una madre, un'educatrice spirituale, una voce per tutte le donne che affrontano le difficoltà che trovano durante il loro cammino di donne, ha improvvisato un ruolo di madre il quale lo ha accettato con tutto il suo amore sincero che avevo nel cuore.
Più si faceva grande l'amore per Gesù più cresceva il rapporto con Dio, lo stesso Dio che poi ha interloquito con la famiglia sacra. [1]

Dio ha scelto Maria, la figlia di Anna perché in lei aveva intravi-

---

[1] https://www.bebeblog.it/post/196680/storie-sulla-madonna-per-bambini
Cit., trad., It, "Una madre, un'educatrice spiritu-ale, una voce per tutte le donne che affrontano le difficoltà che trovano durante il loro cammino di donne".

sto la sua intimità, allora fu una giovanissima donna pura di cuore sempre al servizio del prossimo, già allora splendeva di luce mai vista prima.
Già Sant'Agostino, il Dottore e Filosofo della Chiesa parlò e scrisse di Maria come una donna e una Mamma con uno spirito celeste.

Secondo la dottrina cattolica Maria è stata assunta in cielo dopo la morte, in anima e corpo.
La fede nell'assunzione di Maria è molto antica ma è stato definito un dogma solo nel 1950.

Nel XX° secolo la riflessione dei teologi su Maria ha voluto approfondire il senso della sua missione verso il figlio e verso la Chiesa. Per essi Maria è soprattutto un modello di perfetta unione tra Cristo e la Chiesa, un'immagine dell'amore materno di Dio verso gli uomini.

Il culto di Maria in Italia è molto sentito da persone di tutti gli strati sociali. Accanto ai grandi santuari come Loreto e Pompei resta viva la devozione a Maria come patrona di una città o di un paese, spesso in forma di venerazione di un'immagine particolarmente amata (come la Madonna dell'Arco a Napoli).
I santi cristiani di tutti i tempi ebbero apparizioni di Maria, ma quelle più famose, a parte quella della Vergine di Guadalupe in Messico (1531), sono avvenute nel XIX° e XX° secolo, nel 1858 a Lourdes, in Francia, e nel 1917 a Fatima, in Portogallo.

Maria apparve sempre a persone di condizione umile.

Invece sappiamo che nel Corano Maria è ricordata come madre vergine di Gesù, che però non è considerato figlio di Dio, ma solamente suo grande profeta.

C'è un secondo aspetto dove si parla di Maria non come un modello da imitare o, se si vuole, poiché è un modello perfettamente "cristiano" è molto più di uno specchio: è il principio efficiente di ciò che propone. Secondo alcuni esperti di Maria, la devozione non è solo ì sinonimo di contemplazione, ma di unità totale e viva. La devozione a Maria quindi, non può limitarsi a dire ma deve potere anche dare. La Vergine archetipo è per sempre la Madre.

Quest'aspetto permette il passaggio, appunto, al secondo dei due volti della **"vicinanza di Maria"** a Gesù. E così il discorso si chiude armonicamente.

Maria non è solo un **"messaggio"**; è anche una **"presenza viva"**.

Ha il potere di mettere in luce la complessità con l'esaltante bellezza della situazione cristiana figlia dell'elemento escatologico.

Maria "**Ausiliatrice**" non è e non può essere **il Deus ex machina** di esami mal preparati, di situazioni finanziare compromesse o di malattie senza speranza: il Suo intervento eventuale anche a questi livelli è sempre l'espressione e la visibilità della sua azione di Donna Forte, "terribile come un esercito schierato a battaglia", nella storia e con l'umanità.

Solo così i giovani potranno riacquistare il senso della fiducia e della speranza e di un combattimento cui la Mamma celeste li vede sempre più spontanei a lottare contro le forze dell'egoismo, dell'odio dell'orgoglio, della sopraffazione, in favore del Regno dell'amore. E non si sentiranno più soli, e capiranno di non poter più vivere soli.

Edith Stein spiega il suo incontro con Maria: I giovani i quali determinati a lottare possono imparare da Maria a capire quale sia la vera grandezza e la vera importanza della donna. E le giovani donne possono imparare da Maria ad intravedere quale sia la loro reale missione e quindi dove si trovi la formula giusta della felicità che cercano, **Ella è la Vergine** - Madre, verso cui ogni donna deve dirigere il suo sguardo. **Lei è il modello delle vergini e delle madri.** Ogni donna cercherà di partecipare dell'ideale della Vergine - Madre, anche se in maniera distinta. La vita umana, per lo più, è oscura e insipida, insignificante.

Al tempo di Edith Stein, molte donne tentano di sfuggire da tale angustia che le fa sentire inutili alla società. La vita corre il grave rischio di venire sfigurata. Dinanzi ad un concetto sfigurato e autonomo (di apparente libertà) Santa Teresa B. Della Croce contrappone la figura di Ma-

ria, madre di Gesù Cristo, la quale "realizza il suo servizio silenziosamente e con obbedienza pratica, senza reclamare per sé attenzione e riconoscimento".
La filosofa propone alla nostra considerazione la scena di Cana di Galilea, dove Maria capta silenziosamente le circostanze del momento e interviene con l'aiuto appropriato. Edith Stein desidera incontrare il perché di quest'attitudine mariana, e trova la seguente risposta: "Amore servizievole significa aiutare tutte le creature a giungere alla perfezione. Ebbene, tale è l'ufficio dello Spirito Santo.
Conseguentemente, nello spirito di Dio che si sparge su tutte le creature, potremmo vedere il prototipo dell'essere femminile.
La sua immagine più perfetta la troviamo nella Purissima Vergine, che è sposa di Dio e Madre di tutti gli uomini".

Quando si fa proprio tale ideale della Vergine-Madre, è molto più facile risolvere situazioni complicate, ad esempio: l'infermità e la morte dello sposo, la solitudine di una forzata separazione dei coniugi, l'impossibilità di ottenere con la forza "il diritto al matrimonio" o alla maternità. (...). Alla luce di tale ideale, la donna - come l'uomo - sapranno evitare le frustrazioni o false soluzioni, che altrimenti sopravverrebbero tanta fame di Gesù fino alla morte in croce.

Unita a Maria, è lei la vera "sponsa Christi", il cuore della Chiesa, che riempie di vita i suoi membri.
Maria dona alla Chiesa la vita del suo Figlio divino, e la donna consacrata a Dio porta il mondo a Cristo.
Conseguentemente si tratta di un dare e ricevere, come fra madre e figlio, e Santa Teresa Benedetta delle Croce ricalca continuamente

che Maria non è solo il miglior modello per l'anima femminile, ma che è realmente sua Madre. E così sostiene che "Maria ci ha illuminato la vita della grazia, con il consegnare tutto il suo essere - corpo ed anima - per la maternità divina. Per questo esiste un intimo legame fra lei e noi: lei ci ama, ci conosce, si dà da fare perché ognuno di noi diventa ciò che è chiamato ad essere". [2]

Quali erano i mutui rapporti dell' anima del Figlio con quella della Madre ? Egli la disponeva con una profusione di grazie a essere la Madre del suo corpo mistico come era Madre del suo corpo fisico. Voleva infatti che noi ricevessimo da Lei la vita dello spirito come Egli aveva ricevuto la vita del corpo; e che dipendessimo da Lei per la conservazione e la crescita della nostra

---

[2] Fra Emiliano Antenucci, La Vergi-ne del Silenzio, edit. Palum-bi, Roma,2015. 67-78 PP.

vita spirituale come Egli ne dipendeva per la conservazione e la crescita della sua vita corporale.

Maria Donna Educatrice:

A volte si commettono errori educativi pur nelle migliori intenzioni, mi è successo di perdere la fiducia in me stessa come madre e come educatrice.
Per fortuna mi sono sentito incapace di garantire una vita piena e tranquilla così mi sono rivolto a Dio: "Aiutami non so fronteggiare la loro adolescenza!" L'aiuto mi arriva dal rosario offerto a Maria per loro.

Quando ormai era tutto superato mi era rimasta un po' di amarezza mi rimproveravo di non essere stata pronta a raccogliere i segni dell'inevitabile disagio della crescita. Mi sentivo educatrice di serie b.

Una domenica mi recai a Santa Lucia e feci visita alla chiesa Regina della Pace, Andai perché seppi che la chiesa era terminata e allora volevo vederla a lavori finiti - Come immaginavo, la chiesa è strapiena di gente e non si poteva entrare, c'è tanta gente tra cui autorità civili e religiose e guardie che bloccano l'entrata della chiesa, però non fu tutto perduto perché in mezzo a tanta gente si intravede una veggente. Sono fortunata esclamai. Dopodiché misero un maxischermo nel parcheggio dove si può seguire benissimo la messa. Inizia la messa, iniziammo a recitare tutti il rosario con la veggente, quando improvvisamente cala un silenzio e qualcuno disse: "C'è la Madonna!" M'inginocchiai, non so quantificare per quanto tempo, tutto scomparve, e accanto a me c'è LEI. Che infinita dolcezza, mi mise in braccio un bimbo appena nato per farmi capire l'innocenza

pura di quel bimbo, di quel sorriso che io aveva dimenticato.
Quello per me fu il più grande miracolo, quel giorno la mamma celeste mi ha ridato il sorriso e la gioia di vivere.

Quando torno alla realtà di sempre mi sento invadere da una gioia che non è di questo mondo, una gioia che non riesco a contenere, impazzita, avrei voluto gridare come il cieco a Gerico guarito da Gesù. Ho le ginocchia sbucciate dalle grosse brecce di un pavimento in costruzione, ma non sentii dolore. [3]

Maria ha cancellato la mancanza di fiducia in me stessa e nei figli e mi ha dato di ripartire da zero fidandosi di me.
Ma per alcuni giorni sono invasa di quel sentimento che ha suscitato la sua presenza.

---

[3] Ivi, 81-88 PP

Qualche tempo dopo trovai in quella chiesa un libro dove racconta i fatti di quel giorno e nel libro leggiamo la dichiarazione della veggente: "Oggi la Madonna era molto felice ed ha imposto le sue mani per benedire. Pochi attimi con lei, gioia straripante, immagina cos'è il paradiso.

La pastorella

Il padre Auriemma racconta che una povera pastorella che guardava gli armenti amava tanto Maria, che la sua gioia più grande era di andare in una cappelletta di nostra Signora, su una montagna, e di restare là mentre le pecorelle pascolavano, per parlare con la sua cara Madre e renderle omaggio. Vedendo che quella modesta statua era disadorna, si mise a confezionarle un manto con le sue mani. Un giorno colse alcuni fiori nei campi e ne fece una ghirlanda; poi, salita

sull'altare di quella cappelletta, la pose sul capo dell'immagine dicendo: "Madre mia, vorrei porre sulla tua fronte una corona d'oro e di gemme, ma poiché sono povera, ricevi da me questa povera corona di fiori e accettala come segno del mio amore per te".
Così e con altri omaggi la devota pastorella cercava di servire e di onorare la sua amata Signora.
Vediamo ora come la nostra buona Madre ricompensò le visite e l'affetto di questa sua figlia.
La ragazza si ammalò e stava per morire. Due religiosi, passando da quelle parti, stanchi per il viaggio, si misero a riposare sotto un albero. L'uno dormiva, l'altro vegliava, ma ebbero la stessa visione. Videro un gruppo di bellissime fanciulle e fra queste ve n'era una che le superava tutte in bellezza e maestà. Uno di loro le domandò: "Signora, chi sei?". "Io sono, rispose, la Madre di Dio e con queste fan-

ciulle vado a visitare nel vicino villaggio una pastorella moribonda che ha fatto tante visite a me”. Dopo queste parole, la visione scomparve. Allora i due buoni servi di Dio si dissero l’un l’altro: “Andiamo anche noi a vedere la pastorella”. Si avviarono e, trovata l’abitazione della ragazza, entrarono in un piccolo tugurio; li, sopra un po’ di paglia, giaceva la giovane moribonda. La salutarono ed ella disse loro: “Fratelli, pregate Dio di farvi vedere chi è venuto ad assistermi”.

S’inginocchiarono subito e videro Maria che stava accanto all’agonizzante con una corona in mano e la consolava.
Le altre vergini cominciarono a cantare e a quel dolce canto l’anima benedetta della pastorella si sciolse dal corpo. Maria le pose in capo la corona e prendendosi l’anima la portò con sé nel paradiso.

Il giovane Ernesto

Secondo un racconto del Bellua-cense (Vincenzo di Beauvais), nella città di Ridolfo in Inghilterra, nell'anno 1430, viveva un giovane nobile chiamato Ernesto. Dopo aver distribuito tutto il suo patrimonio ai poveri, entrò in un monastero in cui conduceva una vita così perfetta, che i superiori lo stimavano grandemente, soprattutto per la sua speciale devozione alla santa Vergine.
In quella città scoppiò la peste e gli abitanti ricorsero al monastero chiedendo preghiere. L'abate ordinò a Ernesto di andare a pregare davanti all'altare di Maria e di non allontanarsi finché la Madonna non gli avesse risposto. Il giovane rimase lì tre giorni e finalmente Maria gli rispose indicando alcune preghiere che si dovevano recitare.
Così fu fatto e la peste cessò. Ma in seguito il giovane cominciò

a trascurare sempre più la devozione a Maria.
Il demonio lo assalì con mille tentazioni, specialmente contro la purezza e contro la sua vocazione. Non essendosi raccomandato a Maria, lo sventurato arrivò a prendere la decisione di fuggire calandosi da un muro del monastero.
Ma mentre passava davanti a un'immagine di Maria che stava nel corridoio, la Madre di Dio gli disse: "Figlio mio, perché mi abbandoni?". Stordito e colto da rimorsi, Ernesto cadde in ginocchio e rispose: "Signora, non vedi che non posso resistere? Perché non mi aiuti?". La Madonna replicò: "E tu perché non mi hai invocata? Se ti fossi raccomandato a me, non ti saresti ridotto a questo. Da oggi in poi, raccomandati a me e non dubitare".
Ernesto tornò nella sua cella. Ma tornarono le tentazioni. Egli non invocò l'aiuto di Maria e finì col fuggire dal monastero.

Da allora si abbandonò a una vita sciagurata passando di peccato in peccato e infine si ridusse a fare l'assassino.
Prese in affitto un'osteria dove la notte uccideva i poveri viaggiatori per depredarli.
Così fra gli altri uccise il cugino del governatore di quel luogo il quale in base agli indizi raccolti nel corso del processo lo condannò alla forca.
Mentre lo scellerato era ancora in libertà, ecco che capita nella locanda un giovane cavaliere.
Volendo attuare di nuovo i suoi orribili disegni, l'oste entra di notte nella sua stanza per assassinarlo, ma sul letto, invece del cavaliere, vede un Crocefisso coperto di piaghe che guardandolo con compassione gli dice: "Non ti basta, ingrato, che io sia morto per te una volta? Vuoi uccidermi di nuovo? Su presto, alza il braccio e uccidimi".
Allora il povero Ernesto, tutto confuso, cominciò a piangere e

disse:"Signore, eccomi, poiché mi tratti con tanta misericordia, voglio tornare a te".
Subito lasciò la locanda dirigendosi verso il suo monastero per farvi penitenza, ma per strada fu raggiunto dai rappresentanti della giustizia e portato davanti al giudice, al quale confessò tutti i delitti commessi.
Perciò fu condannato a morire impiccato, senza dargli neppure il tempo di confessarsi. Allora egli si raccomandò a Maria e quando fu buttato giù dalla forca, la Vergine fece sì che non morisse.
Ella stessa lo sciolse dal laccio e gli disse: "Torna al monastero, fa' penitenza e quando verrò a portarti la sentenza di perdono dei tuoi peccati, allora ti preparerai a morire".
Ernesto tornò al monastero, raccontò tutto all'abate e fece gran penitenza. Dopo molti anni, vide apparire Maria che aveva in mano la sentenza del suo perdono. Su-

bito si preparò alla morte e santamente morì.

La donna di malaffare

Il padre Bovio racconta che una donna di malaffare, chiamata Elena, entrata in una chiesa, udì per caso una predica sul rosario. Uscì e ne comprò uno, ma lo portava nascosto per non farlo vedere. Cominciò poi a recitarlo, ma dapprima senza devozione.
La santa Vergine le fece tuttavia gustare tali consolazioni e tali dolcezze in questa pratica, che non si stancava mai di dire il rosario. Così arrivò a concepire un tale orrore per la sua cattiva condotta che, non trovando pace, fu come costretta ad andare a confessarsi, e lo fece con tale contrizione, che il confessore ne fu stupito. Fatta la confessione, andò a inginocchiarsi davanti a un altare di Maria per ringraziare la sua avvocata e, mentre recitava il rosario, udì la voce

della divina Madre che da quell'immagine le diceva: "Elena, hai molto offeso Dio e me.

Da oggi in poi cambia vita e ti concederò in abbondanza la mia grazia". Tutta confusa, la povera peccatrice rispose:"Vergine santa, è vero che finora sono stata una sciagurata, ma tu che tutto puoi, aiutami.
Io mi dono a te e voglio impiegare il resto dei miei giorni a far penitenza dei miei peccati".
Aiutata da Maria, Elena distribuì tutti i suoi averi ai poveri e si diede a una vita di rigorosa penitenza. Era tormentata da terribili tentazioni, ma si raccomandava incessantemente alla Madre di Dio e così ne usciva sempre vittoriosa. Arrivò ad avere molte grazie anche soprannaturali, visioni, rivelazioni, profezie.
Infine, dopo averla avvertita qualche giorno prima della sua morte ormai prossima, la Vergine con suo Figlio venne a visitarla

e, quando la peccatrice morì, fu vista la sua anima volare verso il cielo in forma di bellissima colomba.

C'era una volta, tanti secoli fa, una città famosa. Sorgeva in una prospera vallata e, siccome i suoi abitanti erano decisi e laboriosi, in poco tempo crebbe enormemente. I pellegrini la vedevano da lontano e rimanevano ammirati e abbagliati dallo splendore dei suoi marmi e dei suoi bronzi dorati.

Era insomma una città felice nella quale tutti vivevano in pace.

Ma un brutto giorno, i suoi abitanti decisero di eleggere un re. Le trombe d'oro degli araldi li riunirono tutti davanti al Municipio. Non mancava nessuno.

Poveri e ricchi, giovani e vecchi si guardavano in faccia e parlottavano a bassa voce. Lo squillo argentino di una tromba impose il silenzio a tutta l'assemblea.

Si fece avanti allora un tipo basso e grasso, vestito superbamente. Era l'uomo più ricco della città. Alzò la mano carica di anelli scintillanti e proclamò: "Cittadini! Noi siamo già immensamente ricchi. Non ci manca il denaro. Il nostro re deve essere un uomo nobile, un conte, un marchese, un principe, perché tutti lo rispettino per il suo alto lignaggio".

"No! Vattene! Fatelo tacere! I meno ricchi della città cominciarono una gazzarra indescrivibile. "Vogliamo come re un uomo ricco e generoso che ponga rimedio ai nostri problemi!".

Nello stesso tempo, i soldati issarono sulle loro spalle un gigante muscoloso e gridarono, agitando minacciosamente le picche: "Questo sarà il nostro re! Il più forte!".

Nella confusione generale, nessuno capiva più niente.

Da tutte le parti scoppiavano grida, minacce, applausi, armi che s'incrociavano.

I parapiglia si moltiplicavano e i contusi erano già decine.
Suonò di nuovo la tromba. Poco a poco, la moltitudine si acquietò. Un anziano, sereno e prudente, salì sul gradino più alto e disse: "Amici, non commettiamo la pazzia di batterci per un re che non esiste ancora. Chiamiamo un bambino innocente e sia lui ad eleggere un re tra di noi".
Afferrarono per mano un bambino e lo condussero davanti a tutti.
L'anziano gli chiese: "Chi vuoi che sia il re di questa città così grande?". [4]
Il bambinetto li guardò tutti, si succhiò il pollice e poi rispose: "I re sono brutti. Io non voglio un re. Voglio che sia una regina: la mia mamma".
Le mamme al governo. E' un'idea magnifica. Il mondo sarebbe certamente più pulito, si direbbero meno parolacce, tutti darebbero la mano ad uno più grande prima di attraversare la strada.

---

[4] Angelo Comastri, La vita di Ma-ria, Edit. San Paolo, Roma. 23-43 pp

Dio l'ha pensata allo stesso modo. E ha fatto Maria.

Capitolo 2

Storie di una madre con valori di oggi

Una famiglia formata da genitori e sette figli perdono il padre e, la mamma resta con i figli a casa dello zio paterno il quale li trattava come fossero degli schiavi, avrebbero voluto ribellarsi però a quei tempi già avere un tetto sulla testa era qualcosa di importante. Una sera al suono dell'Ave Maria la bimba vide una bellissima signora giovane, seduta su una grossa pietra.
Una mattina la bimba la vide vicino al suo letto che le faceva compagnia si avvicinò e le acca-

rezzò la testa come fanno le mamme con i propri figli, ad un certo punto, la mamma celeste sentii il fratello bestemmiare e, non volle continuare la visita a quella graziosa e dolce bimba che dopo una carezza e un sorriso lasciò la bimba dormire, le bestemmie non erano di certo gradite e Lei se ne andò.
Quella bimba era mia madre.

Dai la chiave di casa tua a Maria: La chiave vuol dire donare, rappresenta se stesso, il cuore, lo spirito. La chiave è la nostra anima lasciate nella custodia di Maria affinché lei possa entrare e uscire senza nessuna richiesta. Ha la nostra più sincera concessione perché Lei è la nostra salvezza d'amore e di pace.

Il Papa racconta Maria come una ragazza di oggi:

"Me lo immagino come una ragazza normale, una ragazza di oggi, a-

perta a sposarsi, a fare una famiglia".
Papa Francesco parla della Madonna e spiega la preghiera dell'Ave Maria:"Da quando è nata fino all'Annunciazione, al momento dell'incontro con l'angelo di Dio, me lo immagino come una ragazza normale, una ragazza di oggi, normale, educata, aperta a sposarsi, a farsi una famiglia.
Una cosa che immagino è che amasse le Scritture: conosceva le Scritture, aveva svolto la catechesi ai parenti e in famiglia.
Dopo il concepimento di Gesù, resta ancora una donna normale, Maria è la normalità, è una donna che qualsiasi donna di questo mondo vorrebbe essere.
Una madre normale: anche nel suo matrimonio verginale, casto in quella cornice della verginità, Maria è stata normale.
Lavorava, faceva la spesa, aiutava il Figlio, aiutava il marito: normale.

Rilevando il radicamento nel popolo di Maria, Francesco riprende uno dei temi ricorrenti del suo pontificato. "La normalità è vivere nel popolo e come il popolo. In quelle condizioni nasce un peccato che piace tanto a Satana, il nostro nemico: il peccato dell'élite. L'élite non sa cosa significa vivere nel popolo e quando parlo di élite, non intendo una classe sociale: parlo di un atteggiamento dell'anima.
Si può appartenere a una Chiesa di élite. Però, come dice il Concilio nella Lumen gentium, la Chiesa è il santo popolo fedele di Dio. La Chiesa è popolo, il popolo di Dio. E al diavolo piacciono le élite".
"La ri-creazione comincia da Maria, da una donna sola", afferma ancora Papa Bergoglio. "Possiamo pensare alle donne sole che portano avanti la casa, da sole educano i figli. All'inizio la ri-creazione è il dialogo tra Dio e una donna sola. Sola nel momento

dell'annuncio e sola nel momento della morte del Figlio".
È impossibile capire il dolore di una mamma. Una madre: "Vorrei vedere almeno il corpo, le ossa di mia figlia, sapere dov'è stata sepolta" (...). Esiste una memoria che io chiamo "memoria materna", qualcosa di fisico, una memoria di carne e ossa. Anche questa memoria può spiegare l'angoscia. Tante volte dicono: "Ma dov'era la Chiesa in quel momento, perché non ci ha difeso?". Io sto zitto e le accompagno. La disperazione delle mamme è terribile. Non possiamo far altro che accompagnarle e rispettare il loro dolore, afferrarle per mano, ma è difficile".

Il Pontefice commenta anche una frase detta da Papa Luciani a proposito della maternità di Dio. "Dicendo che Dio è papà e mamma, papa Giovanni Paolo I non ha detto niente di strano.

L’ha detto Dio di sé, per mezzo di Isaia e degli altri profeti: si è presentato come una mamma, "ti custodisco come una mamma, una mamma non può dimenticarsi del suo bambino, e se anche lo facesse io, non potrei mai farlo” (Is 49,15)».

Francesco rileva poi ciò che l’arcangelo Gabriele dice alla Madonna nel momento dell’annunciazione. "L’angelo non dice a Maria: "Tu sei piena d’intelletto, sei intelligente, sei piena di virtù, sei una donna ultrabuona". No: "Sei piene di grazia”, cioè di gratuità, di bellezza. La Madonna è la bella per eccellenza. La bellezza è una delle dimensioni umane che troppo spesso trascuriamo. Parliamo della verità, della bontà e lasciamo da parte la bellezza. Invece è importante quanto le altre. È importante trovare Dio nella bellezza".

Ancora, il Papa spiega che "Maria non può essere la mamma dei corrotti, perché i corrotti vendono la mamma, vendono l'appartenenza a una famiglia, a un popolo.
Cercano soltanto il proprio profitto, che sia economico, intellettuale, politico, di qualsiasi tipo. Fanno una scelta egoistica, direi satanica: chiudono a chiave la porta dal dentro. E Maria non riesce a entrare. Per questo l'unica preghiera per i corrotti è che un terremoto li commuova talmente da convincerli che il mondo non è cominciato e non finirà con loro (...). Maria è madre di tutti noi peccatori, dal più al meno santo". E anche il Pontefice, come ha già fatto tante volte, definisce se stesso peccatore: "È la realtà. Se dicessi di me di non essere un peccatore, sarei il corrotto più grande". (Vatican Insider)

"Maria è lì, fedelmente presente, ogni volta che c'è da tenere una

candela accesa in un luogo di foschia e di nebbie".
L'Udienza Generale di oggi è dedicata alla speranza vista attraverso gli occhi di Maria.

Maria "ha attraversato più di una notte" nel suo cammino di madre.

Papa Francesco ha ripercorso la sua storia, fin dal primo "sì" all'invito dell'angelo: il primo passo "di una lunga lista di obbedienze" che accompagneranno il suo itinerario di madre.
"Così Maria appare nei Vangeli come una donna silenziosa, che spesso non comprende tutto quello che le accade intorno, ma che medita ogni parola e ogni avvenimento nel suo cuore".

Maria, donna dell'ascolto:

In questa disposizione c'è un ritaglio bellissimo della psicologia di Maria: "Non è una donna che si deprime davanti alle incertezze della vita", specialmente quando "nulla sembra andare per il verso giusto". Non è nemmeno una donna che protesta con violenza, che inveisce contro il destino della vita che ci rivela spesso un volto ostile. È invece una donna che ascolta: "Non dimenticatevi che c'è sempre un grande rapporto tra la speranza e l'ascolto. Maria accoglie l'esistenza così come lei si consegna a noi, con i suoi giorni felici, ma anche con le sue tragedie che mai vorremmo avere incrociato. Quando suo Figlio è inchiodato al legno della Croce".

Maria che "stava" ai piedi della Croce:

"Fino a quel giorno - ha osservato Francesco - Maria era quasi sparita dalla trama dei Vangeli". Gli scrittori sacri lasciano intendere questo lento eclissarsi della sua presenza, il suo rimanere muta davanti al mistero di un Figlio che obbedisce al Padre. Però Maria riappare proprio nel momento cruciale: "Quando buona parte degli amici si sono dileguati a causa della paura".

"Le madri non tradiscono, e in quell'istante, ai piedi della croce, nessuno di noi può dire quale sia stata la passione più crudele: se quella di un uomo innocente che muore sul patibolo della croce, o l'agonia di una madre che accompagna gli ultimi istanti della vita di suo Figlio". I Vangeli sono laconici, ed estremamente discreti. Registrano con un semplice verbo la presenza della Madre: lei "stava" "Lei stava - ha ripetuto il Santo Padre - Nulla dicono della sua reazione: se piangesse, se non piangesse … nulla; nemmeno una pennellata per descrivere il suo dolore: su questi dettagli si sarebbe poi avventata l'immaginazione di poeti e di pittori regalandoci immagini che sono entrate nella storia dell'arte e della letteratura". "Ma i Vangeli soltanto dicono: lei stava. - Stava - lì, nel più brutto momento, nel momento più crudele, e soffriva con il figlio. [5]

Maria fedelmente presente:

Maria "stava", semplicemente era lì. "Eccola nuovamente - ha proseguito - la giovane donna di Nazareth, ormai ingrigita nei capelli per il passare degli anni, ancora alle prese con un Dio che deve essere solo abbracciato, e con una vita che è giunta alla soglia del buio più fitto". Maria "stava" nel buio più fitto, ma "stava". "Non se n'è andata". "Nemmeno lei conosce il destino di risurrezione che suo Figlio

---

[5] Papa Jorge Mario Bergoglio, Maria mamma di tutti. Le mie riflessioni e le mie preghiere dedicate alla Madonna,Edit. San Paolo, Roma, 2019. 11-51 PP.

stava in quell'istante aprendo per tutti noi uomini: è lì per fedeltà al piano di Dio di cui si è proclamata serva nel primo giorno della sua vocazione, ma anche a causa del suo istinto di madre che semplicemente soffre, ogni volta che c'è un figlio che attraversa una passione.
Le sofferenze delle madri: tutti noi abbiamo conosciuto donne forti, che hanno affrontato tante sofferenze dei figli!".

Maria, Madre della Chiesa:

La ritroveremo nel primo giorno della Chiesa, lei, Madre di speranza, in mezzo a quella comunità di discepoli così fragili: "Uno aveva rinnegato, molti erano fuggiti, tutti avevano avuto paura" Ma lei semplicemente stava lì, nel più normale dei modi, come se fosse una cosa del tutto naturale: "Nella prima Chiesa avvolta dalla luce della Risurrezione, ma anche dai tremori dei primi passi che doveva compiere nel mondo”.

Per questo tutti noi la amiamo come Madre. Non siamo orfani: abbiamo una Madre in cielo, che è la Santa Madre di Dio.
Perché ci insegna la virtù dell’attesa, anche quando tutto appare privo di senso: lei sempre fiduciosa nel mistero di Dio.

"Nei momenti di difficoltà - ha finito Francesco - Maria, la Madre che Gesù ha regalato a tutti noi, possa sempre sostenere i nostri passi, possa sempre dire al nostro cuore: - Alzati! Guarda avanti, guarda l’orizzonte-, perché Lei è Madre di speranza.
Grazie”.

Di lei si racconta: che la chiesa di ieri e di oggi si complimenta con Maria chiamandola tutta bella, tota pulchra. Come la sua giovinezza non sta nell'età, la sua bellezza non consiste nell'esteriorità, come mostra il Vangelo, non eccelle in apparenza: di semplice famiglia, viveva umilmente a Nazaret, un paesino quasi sconosciuto. E non era famosa: anche quando l'angelo la visitò nessuno lo seppe, quel giorno non c'era lì alcun reporter. La Madonna non ebbe nemmeno una vita agiata, ma preoccupazioni e timori: fu "molto turbata" (Lc 1,29), dice il Vangelo, e quando l'angelo "si allontanò da lei" (Lc, 1,38) i problemi aumentarono.

La Mamma Immacolata è la vergine Maria, la grazia di Dio l'ha avvolta, rendendola degna di diventare madre di cristo.
Quando Gabriele entra nella sua casa, anche il mistero più profondo, che va oltre ogni capacità della ragione, diventa per lei motivo di gioia, motivo di fede,

motivo di abbandono alla parola che le è rivelata. La pienezza della grazia è in grado di trasformare il cuore, e lo rende capace di compiere un atto talmente grande da cambiare la storia dell'umanità. [6]

La festa dell'Immacolata Concezione esprime la grandezza dell'amore di Dio. Egli non solo è chi perdona il peccato, ma in Maria giunge fino a prevenire la colpa originaria, che ogni uomo porta con sé entrando in questo mondo. È l'amore di Dio che previene, che anticipa e che salva.

---

6 https://www.raccontimorale.it/le-scarpette-doro-della-madonna

Capitolo 3

Ascoltare, amare e pregare

Chi guarda la vergine Maria ? Guarda tutti noi, ciascuno di noi. E come ci guarda ? Ci guarda come Madre, con tenerezza, con misericordia, con amore. Così come ha guardato il figlio Gesù, in tutti i momenti della sua vita, ,gioiosi,luminosi, dolorosi, gloriosi, i quali contempliamo nei Misteri del Santo Rosario, con umiltà e con amore.

Quando siamo stanchi, scoraggiati, schiacciati dai problemi, guardiamo a Maria, La Madonna ci conosce bene, è mamma.
Il nostro cammino di fede è legato in modo indissolubile a Maria da quando Gesù, Morente sulla

croce, l'ha donata come Madre dicendo: "Ecco tua Madre!"
Queste parole hanno il valore di un testamento e danno al mondo una madre. Da quel momento la Madre di Dio è diventata anche Madre nostra!
Nell'ora in cui la fede dei discepoli era incrinata da tante difficoltà e incertezze, Gesù li affidava a Colei che era stata la prima a credere, e la cui fede non sarebbe mai venuta meno. E la "donna" diventa madre nostra nel momento in cui perde il figlio divino. Il suo cuore ferito si dilata per fare posto a tutti gli uomini, buoni e cattivi, tutti, e li ama come li amava Gesù.
La donna che alle nozze di Cana di Galilea aveva dato la sua cooperazione di fede per la manifestazione delle meraviglie di Dio nel mondo, al Calvario tiene accesa la fiamma della fede nella resurrezione del Figlio, e la comunica con affetto materno agli

altri. Maria diventa così sorgente di speranza e di gioia vera!
Sono solo tre parole che sintetizzano l'atteggiamento di Maria: ascolto, decisione, azione.
Sono parole che indicano una strada nella vita. Da dove nasce il gesto di Maria di andare dalla parente Elisabetta ? Da una parola dell'Angelo di Dio: "Elisabetta tua parente, nella sua vecchiaia ha concepito anch'essa un figlio…". Maria sa ascoltare Dio. Attenzione: non è un semplice "udire", un udire superficiale, ma è l'ascolto fatto di attenzione, di accoglienza, di disponibilità verso Dio. Non è il modo distratto con cui a volte noi ci mettiamo di fronte al signore o agli altri: udiamo le parole, ma non ascoltiamo veramente. Maria è attenta a Dio. Ascolta Dio.
La parente Elisabetta, che è già anziana, aspetta un figlio: questo è il fatto. [7]

---

[7] Tiziana Caputo, Fede e mistica - Il percorso speculativo ed esistenziale di Edith Stein, Edit. Domenicana Italiana, 2021. 21-37 PP

Ma Maria è attenta al significato, lo so cogliere: "Nulla è impossibile a Dio".

Questo vale anche nella nostra vita: ascolto di Dio che ci parla, e ascolto anche della realtà quotidiana, attenzione alle persone, ai fatti perché il signore è alla porta della nostra vita e bussa in molti modi, pone segni nel nostro cammino; a noi dà la capacità di vederli. Maria è la madre dell'ascolto, ascolto attento di Dio e ascolto altrettanto attento degli avvenimenti della vita.

La seconda parola: decisione. Maria non vive "di fretta", con affanno, ma, come pone l'accento san Luca, "meditava tutte queste cose nel suo cuore" (cfr Lc 2,19.51). E anche nel momento decisivo dell'Annunciazione

---

Cit., trad. La devozione a Maria quindi, non può limitarsi a dire ma deve potere anche dare. La Vergine archetipo è per sempre la Madre.

dell'Angelo, ci chiede: "Come avverrà questo?" (Lc 1,34).
Ma non si ferma neppure al momento della riflessione; fa un passo avanti: decide.
Non vive di fretta, ma solo quando è necessario, "va in fretta". Maria non si lascia trascinare dagli eventi, non evita la fatica della decisione. E questo avviene sia nella scelta fondamentale che cambierà la sua vita: "Eccomi sono la serva del Signore." (cfr Lc 1,38), nelle scelte più quotidiane ma nello stesso tempo ricche anch'esse di significato.
Mi viene in mente l'episodio delle nozze di Cana anche qui si vede il realismo, l'umanità, la concretezza di Maria, che è attenta ai fatti, ai problemi; vede e comprende la difficoltà di quei due giovani sposi ai quali viene a mancare il vino della festa, riflette e sa che Gesù può fare qualcosa, e decide di rivolgersi al Figlio perché intervenga: "Non hanno più vino".

Nella vita è difficile prendere decisioni, spesso tendiamo a rimandarle, a lasciare che altri decidano.
Maria sa ascoltare Dio. Il suo "ascolto" fatto di attenzione, di accoglienza, di disponibilità verso Dio. Non è il modo distratto con cui a volte noi ci mettiamo di fronte al Signore o agli altri: udiamo le parole, ma non ascoltiamo veramente.

Mamma ci insegna la vera libertà la quale si trova nell'accoglienza amorosa della volontà del Padre. Da Maria, piena di grazia, impariamo che la libertà cristiana è qualcosa di più della semplice nella liberazione dal peccato.
È la libertà che apre a un nuovo modo spirituale di considerare le realtà terrene, la libertà di amare Dio e i fratelli e le sorelle con un cuore puro e di vivere nella gioiosa speranza della venuta del Regno di Cristo.

A volte sappiamo quello che dobbiamo fare, ma non ne abbiamo il coraggio o ci pare troppo difficile perché vuol dire andare controcorrente.
Maria nell'Annunciazione, nella Visitazione, alle nozze di Cana va controcorrente; si pone in ascolto di Dio, riflette e cerca di comprendere la realtà, e decide di affidarsi totalmente a Dio, decide di visitare, pur essendo incinta, l'anziana parente, decide di affidarsi al Figlio con insistenza per salvare la gioia delle nozze.

Mamma che agisce nella preghiera, davanti a Dio che parla, nel riflettere e meditare sui fatti della sua vita, Maria non ha fretta, non si lascia prendere dal momento, non si lascia trascinare dagli eventi.
Ma quando ha chiaro che cosa Dio le chiede, ciò che deve fare, non indugia, non ritarda, ma va "in fretta". Sant'Ambrogio: "Il gra-

zia dello Spirito Santo non comporta lentezze".
L'agire di Maria è una conseguenza della sua obbedienza alle parole dell'Angelo, ma unita alla carità: va da Elisabetta; e in questo uscire dalla sua casa, da se stessa, per amore, porta quanto ha di più prezioso: Gesù; porta il Figlio. A volte, anche noi ci fermiamo all'ascolto, alla riflessione su ciò che dovremmo fare, forse abbiamo anche chiara la decisione che dobbiamo prendere, ma non facciamo il passaggio all'azione. E soprattutto non mettiamo in gioco noi stessi muovendoci "in fretta" verso gli altri per portare a loro il nostro aiuto, la nostra comprensione, la nostra carità; come Maria, ciò che abbiamo di più prezioso e che abbiamo ricevuto.
Da Maria, piena di grazia, impariamo che la libertà cristiana è qualcosa di più della semplice liberazione dal peccato. È la libertà che apre a un nuovo modo

spirituale di considerare le realtà terrene, la libertà di amare Dio e i fratelli e le sorelle con un cuore puro e di vivere nella gioiosa speranza della venuta del Regno di Cristo.

Una mamma aiuta i figli a crescere e vuole che crescano bene; per questo li educa a non cedere alla pigrizia - che deriva anche da un certo benessere -, a non adagiarsi in una vita comoda che si accontenta di avere solo delle cose. La mamma ha cura dei figli perché crescano sempre di più, crescano forti, capaci di assumersi responsabilità, di impegnarsi nella vita, di tendere a grandi ideali.

Il Vangelo di san Luca dice che, nella famiglia di Nazaret, Gesù "cresceva e si fortificava, pieno di sapienza, e la grazia di Dio era su di lui". La Madonna fa proprio questo in noi, ci aiuta a crescere umanamente e nella fede,

a essere forti e non cedere alla tentazione dell'essere uomini e cristiani in modo superficiale, ma a vivere con responsabilità, a tendere sempre più in alto.
Una mamma poi pensa alla salute dei figli educandoli anche ad affrontare le difficoltà della vita. Non si educa, non si cura la salute evitando i problemi, come se la vita fosse un'autostrada senza ostacoli.
Il suo cantico di lode ci ricorda che Dio non dimentica mai le sue promesse di misericordia.
Maria è beata perché "ha creduto nell'adempimento di ciò che il Signore le ha detto". Ella ci mostra che la nostra speranza è reale.

Questa è la speranza offerta dal Vangelo, è l'antidoto contro lo spirito di disperazione che sembra crescere come un cancro in mezzo alla società che è esteriormente ricco, ma spesso sperimenta interiore amarezza e vuoto.

Possano i giovani, con la loro gioia e la loro fiducia, non essere mai derubati della loro speranza! Allora rivolgiamoci a Maria, Madre di Dio, e imploriamo la grazia di essere gioiosa nella libertà dei figli di Dio, di vivere e operare in modo da essere segni di speranza. [8]

Ricordo una volta, quasi quarant'anni fa, ero in Belgio, in un convegno, e c'era una coppia di catechisti, professori universitari, con figli, una bella famiglia, e parlavano di Gesù Cristo e, a un certo punto ho detto: "E la devozione alla Madonna?" "Noi conosciamo tanto Gesù Cristo

---

[8] Edith Stein, Scritti, Edit. Mimep Docete, 2021. 17-33 PP

Cit., trad., It., "A volte sappiamo quello che dob-biamo fare, ma non ne abbiamo il coraggio o ci pare troppo diffi-cile perché vuol dire andare con-trocorrente. Maria nell'Annunciazione, nella Visitazione, alle nozze di Cana va controcorrente; si pone in a-scolto di Dio, riflette e cerca di comprendere la realtà, e deci-de di affidarsi totalmente a Dio, decide di visitare, pur essendo incinta, l'anziana parente, decide di affidarsi al Figlio con in-sistenza per salvare la gioia delle nozze".

che non abbiamo bisogno della Madonna". E quello che mi è venuto in mente e nel cuore è stato: Perché un cristiano senza la Madonna è orfano?"
Maria ha vissuto molti momenti non facili nella sua vita, dalla nascita di Gesù, quando per loro non c'era posto nell'alloggio, fino al Calvario.
E come una buona madre c'è vicina, perché non perde mai il coraggio di fronte alle avversità della vita, di fronte alla nostra debolezza, di fronte ai nostri peccati: ci dà forza, ci indica il cammino di suo Figlio.
Gesù dalla croce dice a Maria. "Donna, ecco tuo figlio!" e a Giovanni: "Ecco tua madre!".
Non Siamo orfani! Quando un cristiano mi dice, non che non ama la Madonna, ma che non gli viene di cercare la Madonna o di pregare la Madonna, io mi sento triste, ma in cuor mio non o obbligo perché l'essere umano è libero. Noi conosciamo tanto Gesù Cristo

che non abbiamo bisogno della Madonna.
Perché un cristiano senza la Madonna è orfano. Anche Papa Francesco dice di non perdersi nei problemi della vita ma ad affrontarli con coraggio, a non essere deboli, e a saperli superare.
E questo una mamma sa farlo! Non porta sempre il figlio sulla strada della sicurezza, perché in questa maniera il figlio non può crescere, ma anche non lo lascia soltanto sulla strada del rischio, perché è pericoloso. Una mamma sa bilanciare le cose. Una vita senza sfide non esiste
La madre che ebbe cura di Gesù, ora si prende cura con affetto e dolore materno di questo mondo ferito. Così come pianse con il cuore trafitto la morte di Gesù, ora ha compassione della sofferenza dei poveri crocefissi e delle creature di questo mondo sterminate dal potere umano.

Lei vive con Gesù completamente trasfigurata, e tutte le creature cantano la sua bellezza.
È la Donna "vestita di sole, con la luna sotto i piedi e una corona di dodici stelle sul suo capo".
Elevata al cielo, è una Madre e Regina di tutto il creato.
Nel suo corpo glorificato, insieme a Cristo risorto, parte della creazione ha raggiunto tutta la pienezza della sua bellezza.
Non solo conserva nel suo cuore tutta la vita di Gesù, che "custodiva" con cura ma ora anche comprende il senso di tutte le cose. Perciò possiamo chiederle che ci aiuti a guardare questo mondo con occhi più sapienti.

Pregare Maria non è galateo ma Esigenza della vita cristiana.
La devozione a Maria non è galateo spirituale, è un'esigenza della vita cristiana. Guardando alla Madre siamo incoraggiati a

lasciare tante zavorre inutili e a ritrovare ciò che conta.
Il dono della Madre, il dono di ogni madre e di ogni donna è tanto prezioso per la Chiesa, che è madre e donna. E mentre l'uomo spesso astrae, afferma e impone idee, la donna, la madre, sa custodire, collegare nel cuore, vivificare. Perché la fede non si riduca.
Abbiamo bisogno, tutti, di un cuore di madre, che sappia custodire la tenerezza di Dio e ascoltare i palpiti dell'uomo.

Maria, donna del silenzio e della concretezza!
Maria, insegnami la premura per le persone. Insegnami ad accorgermi sempre di quando "non hanno più vino"! Credo sia una delle più belle frasi che tu abbia detto.
Essere come Maria, nel nascondimento, nella semplicità e umiltà vera, nella preghiera continua, nell'adempimento fedele del mio

dovere quotidiano. E poter fare sempre la Tua volontà.
Madre! Madre del silenzio, madre della discrezione, madre dell'attesa, Madre di misericordia! Insegnami a tacere! Insegnami a non lamentarmi più! Insegnami a essere semplici "Sei quello che noi dovremmo essere e non siamo…sei già quello che noi saremo…" così recita una bellissima preghiera della novena dell'Immacolata.

Quanti anni, Madre, sono stato lontano da Te? Ma ora che ti trovo, Madre, mi prende una tenerezza infinita non voglio più allontanarmi da Te!
Non solo la mia preghiera sia perseverante, ma che sia consapevole e vuoi forse che entri in maggior intimità con Te? Madre quanta fatica richiede una Rosario ben detto, ma, se lo Spirito non mi aiuta, sono solo parole, col merito della volontà e della perseveranza, ma non mi portano

alla tua presenza…ma tu sei Madre, comprendi e, per questo io insisto nel pregare.
Tu mi hai salvato! Ora capisco quanto sei stata preziosa per la mia salvezza! Risento in questi giorni la preghiera della novena, quella che tanto amo: "Sei quello che noi dovremmo essere sei già quella che noi saremo…" Quelle parole mi martellarono l'anima, anni fa,
Maria mi stai aprendo gli occhi, e ora ti vedo! Ti vedo Regina, Signora del cielo e della terra, colgo la tua regalità: bea Domina, e la tua umiltà così profonda che non può che tacere.
In te potenza e umiltà si uniscono in un'armonia meravigliosa, così lontana dallo stridente contrasto che vive in me tra desiderio di santità e inclinazione al peccato Sono sommersa da dolori interiori, e tu, dolce Madre, mi vieni in aiuto: "Non devi evitare il dolore, lo devi attraversare".

"Come, Madre mia?" "Semplicemente accettando che ci sia". Del resto anche tu hai semplicemente accettato che una spada ti trapassasse l'anima…Solo Tu, Madre, mi potevi rispondere così: "Semplicemente accettando che ci sia!" Maria, insegnami a parlare quando va a lode di Dio, e a tacere quando non va a lode sua!
Insegnami l'umiltà, la discrezione, la dolcezza! [9]

Non possiamo che gioire per l'incarnazione! Non possiamo che rallegrarci per il tuo Gesù! Madre! Ti ho invocato mia Maestra, ti ho messo al collo accanto a tuo Figlio, e tu subito m'istruisci! Mi specchio nella tua Purezza, e scopro in me ancora così tante impurità, così egoismo, così tanti furti, così peccato! Amore Puro: pensavo di averne, ma la tua Lucente Purezza svela a me il mio inganno Madre! Mi sussurri spesso due sole paro-

[9] Ivi, 89-94 PP

le: semplicità e abbandono. Null'altro serve per pregare e amare "Non chiederti nulla, non aver paura di nulla".

Nel turbinio dei pensieri, Madre, m'insegni una nuova parola: Dimenticarsi. E tutto diventa più semplice. Non tenersi troppo in considerazione. Ignorare ciò che si prova, perché, per come, a causa di chi.
Un suggerimento di Maria: Quando vuoi fare una cosa e sei in dubbio se rinunciare o no, chiediti qual è il fine. Maria! Sii mia maestra! Insegnami tutto! Insegnami la pazienza, la sobrietà, la delicatezza! "Il vostro amico è il vostro bisogno saziato"
Chi ha saziato i tuoi bisogni?
"Che vuoi da me, donna?" (Gv2,4), "Chi è mia madre e chi sono i miei fratelli(Mc3,33), "Beati piuttosto quelli che ascoltano la parola di Dio" (Lc11,28). Persino sotto la croce, Gesù, non hai avuto parole

per lei, se non la consegna di un altro bisogno da saziare: "Ecco tuo figlio!". Mentre anche il suo cuore era crocefisso col tuo, l'hai allontanata! E' difficile stare vicino a un figlio così! Maria, come hai fatto? Aiutami a imparare! Aiutami a mantenere caldo, malleabile il mio cuore! Aiutami ad accettare amicizie sbilanciate sui bisogni altrui!

Che fare, Maria? Pronta la tua risposta: "Pensa, prega e da' lode a Dio. Rendi tutto fecondo, anche i pensieri". E ancora: "Approfitta di tutto per dar lode a Dio". Maria! Sei stata la Madre del più grande dei figli: "insegnami la tua autorevolezza! Maria, esigente e severa maestra."

Mamma! (E' la prima volta che ti chiamo così, sentendomi davvero una bimba piccola che è triste e va a cercare consolazione e sicurezza nella mano della mamma) Tienimi per mano oggi, e la mia tristezza si muterà in pace Maria! Concedici il dono

dell'umiltà, della custodia della lingua, della vigilanza! Mi chiedo se questi siano doni da chiedere o virtù da conquistare con i nostri sforzi personali.
Madre e Regina, Guida e Maestra, spiegamelo tu, ti prego! Maria è Guida, maestra, modello.
A lei guardare, lei imitare, lei invocare. A lei chiedere l'umiltà, la povertà, la semplicità.
Maria! Le mie riserve di serenità vengono meno, e l'attesa mi logora Come si attende? "Con speranza e operosità". Nelle mani di Maria (severissima maestra, dolcissima Madre) cresce la virtù della Speranza. La Speranza dona lo sguardo che vede lontano, dona la Pace che si poggia sulla certezza del bene, dona la vigilanza dell'attesa. [10]

Oggi chiedo a Maria come si fa a restare nell'umiltà. Guardo la grande statua della Basilica: Ma-

---

[10] Ivi, 95-97 PP

ria ha gli occhi bassi, la bocca chiusa, le mani giunte. Più chiaro di così! Uno sguardo non altero, silenzio, preghiera.
Ricetta tanto facile da ricordare quanto difficile da praticare! Sotto la tempesta della tentazione, ho chiesto aiuto a Maria, e lei con femminile solidarietà mi ha afferrato per mano: "Quando la tentazione bussa alla porta, non fabbricarti in casa!"
L'Amore apre tutte le porte e non ne chiude nessuna; Mi rendo conto di due cose:

1. Seguire i tuoi inviti, Madre, è camminare su una strada sicura ed Efficace;
2. Occorre un orecchio molto sensibile per sentirli. Sono improvvisi,

 Veloci, brevi, semplici.

(Davanti al presepe, la vigilia di Natale). Mentre attendi il parto, o Vergine, a cosa pensavi? Pensavi ai tuoi, lontani, a Nazareth? E Giuseppe Era uscito a cercare aiuto, o era vicino a te?

"Sarà grande, e chiamato Figlio dell'Altissimo" Ti risuonano ancora, fresche come quel giorno di nove mesi fa, queste parole…Quante domande si affacciavano alla tua mente? Forse nessuna…forse, come stai insegnando anche a me ora, "l'errore è farsi domande": quando c'è Dio di mezzo, non chiedere nulla Madre, ora guardo a Te: insegnami l'arte più sublime: quella del silenzio orante. Entro nel tuo grembo, Maria, perché tu porti avanti la gravidanza spirituale e generi un altro Gesù.
Sia i tuoi inviti, sia quelli del demonio, chiedono l'urgenza dell'agire. Come distinguerli? Pronta la risposta: Maria spinge VERSO L'ALTRO, spinge al DONO. Il demonio spinge a PRENDERE PER SE', A USARE L'ALTRO, oppure impedisce di ANDARE VERSO L'ALTRO! "Maria, donna obbediente, aiutaci

a capire che solo nella sua volontà possiamo trovare la pace. [11]

(A. Bello) Maria, insegnami la carità del primo passo, fatto da Dio, per Dio, con Dio, senza pensare ai "se" e ai "ma"! Di fronte all'Onnipotenza di Dio, guardo la Madre, e mi sorprendo a nascondermi dietro le sue gambe, come fanno i bambini piccoli per vergogna o paura dell'adulto che li guarda. Resto dietro di te, Madre: L'Onnipotente Giudice vedrà Te, e avrà misericordia di me. Il Dio davanti cui si tace è un bimbo che non parla.

Ecco oggi davanti a noi il punto di partenza: la Madre di Dio. Perché Maria è esattamente come Dio ci vuole, Madre tenera, umile, povera di cose e ricca di amore, libera dal peccato, unita a

[11] https://www.racconticonmorale.it/le-scarpette-doro-della-madonna

Gesù, che custodisce Dio nel cuore e il prossimo nella vita.

In conclusine parliamo di una fede non si riduca solo a idea o dottrina, abbiamo bisogno, tutti, di un cuore di madre, che sappia custodire la tenerezza di Dio e ascoltare i palpiti dell'uomo. La Madre, firma d'autore di Dio sull'umanità, custodisca quest'anno e porti la pace di suo Figlio nei cuori e nel mondo. [12]

[12] https://www.famigliacristiana.it/articolo/la-madre-di-dio-.aspx

Conclusioni

Voglio finire questa breve ricerca su Maria, la madre di Dio.
Lo studio della mariologia tende, come a sua ultima meta, all'acquisizione di una solida spiritualità mariana, aspetto essenziale della spiritualità cristiana. Nel suo cammino verso il raggiungimento della piena maturità del Cristo il discepolo del Signore, consapevole della missione che Dio ha affidato alla Vergine nella storia della salvezza e nella vita della Chiesa, la assume come 'madre e maestra di vita spirituale: con lei e come lei, nella luce dell'Incarnazione e della Pasqua, imprime alla propria esistenza un

decisivo orientamento verso Dio per il Cristo nello Spirito, per vivere nella Chiesa la proposta radicale della Buona Novella e, in particolare, il comandamento dell'amore è sviluppare la capacità di comunicare tale amore con la parola, gli scritti, la vita, al popolo cristiano, la cui pietà mariana è da promuovere e coltivare.

Infatti da una formazione mariologica adeguata, in cui lo slancio della fede e l'impegno dello studio si compongono armonicamente, deriveranno numerosi vantaggi: sul piano intellettuale, perché la verità su Dio e sull'Uomo, sul Cristo e sulla Chiesa, è approfondita ed esaltata dalla conoscenza della verità su Maria; sul piano spirituale, perché tale formazione aiuta il cristiano ad accogliere e introdurre «in tutto lo spazio della propria vita interiore la Madre. Di Gesù; sul piano pastorale, perché la Madre del Signore sia fortemente sentita come una presenza di grazia dal popolo cristiano.

Bibliografia e Sitografia

Papa Jorge Mario Bergoglio, Maria mamma di tutti. Le mie riflessioni e le mie preghiere dedicate alla Madonna,Edit. San Paolo, Roma, 2019.

Fra Emiliano Antenucci, La Vergine del Silenzio, edit. Palumbi, Roma,2015.

Angelo Comastri, La vita di Maria, Edit. San Paolo, Roma

De Fabregues J., La Conversione Edith Stein, Wesmael-Charlier, Parigi, 1963.

Tiziana Caputo, Fede e mistica - Il percorso speculativo ed

esistenziale di Edith Stein, Edit. Domenicana Italiana, 2021.

Edith Stein, Scritti, Edit. Mimep Docete, 2021.

http://medjugorje.altervista.org/blog/2011/05/06/247/?doing_wp_cron=1639602272.2203330993652343 750000

https://www.bebeblog.it/post/196680/storie-sulla-madonna-per-bambini

https://www.famigliacristiana.it/articolo/la_madre-di-dio-.aspx

https://www.raccontimorale.it/le_scarpette-doro-della-madonna/

Indice

Maria, Storie di una Madre

Storie di fede e di speranza

Printed by Books on Demand GmbH, Norderstedt / Germany